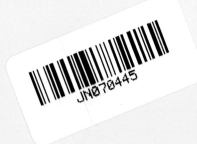

学校で知っておきたい

知的財産権

❶知的財産ってなんだろう？　基本編

特許権《とっきょけん》
実用新案権《じつようしんあんけん》
商標権《しょうひょうけん》
意匠権《いしょうけん》
著作権《ちょさくけん》
カチカチ

もくじ

はじめに

知的財産権《ちてきざいさんけん》ときいて、すぐになんの権利《けんり》なのか頭にうかぶ人は少ないでしょう。財産《ざいさん》権《けん》なら、なんとなく自分がもっているお金や、スマートフォン、ゲーム機、服、文房具《ぶんぼうぐ》などの持ちものにかかわる権利《けんり》だとわかります。財産権《ざいさんけん》を侵害《しんがい》するということは、人のものをとるということ。かってに人のゲーム機をもっていけば泥棒《どろぼう》といわれます。

じつは知的財産権《ちてきざいさんけん》も、財産権《ざいさんけん》の一部です。財産《ざいさん》には物質《ぶっしつ》として存在《そんざい》するゲーム機やお金などのほかに、アイデアや表現《ひょうげん》という形のないものがあります。それはそのアイデアをもとにつくった装置《そうち》や、表現《ひょうげん》された作品をとおして見ることができる財産《ざいさん》です。このような財産《ざいさん》を知的財産《ちてきざいさん》といいます。

ゲーム機がぬすまれたら、すぐに気がつきます。目のまえからなくなるし、ゲームができなくなるのですから。けれども、自分が書いた文章を、だれかがこっそりその人の名前で発表しても、気づかないことがあるかもしれません。ぬすまれたことで、自分の書いた文字がきえるわけでも、頭のなかの文章をわすれてしまうわけでもないからです。また、形あるものをとるわけではないために、ぬすんだ人がわるいことと気づいていない場合もあります。このように知的財産《ちてきざいさん》はかんたんにぬすまれやすく、守るのがむずかしいといわれています。

いま、わたしたちのまわりには知的財産《ちてきざいさん》があふれています。ものをつくる社会から、情報化《じょうほうか》社会へと変化している日本では、知的財産《ちてきざいさん》はもっとふえることが予想されます。せっかくの財産《ざいさん》を人にとられないために、ついうっかり人のものを泥棒《どろぼう》しないために、なにかできることはあるでしょうか？　あります！　知的財産《ちてきざいさん》を守る権利《けんり》について知ることです。

この３巻《かん》シリーズは、つぎのように巻《かん》をおいながら、知的財産権《ちてきざいさんけん》について３段階《だんかい》で知ることができるようになっています。

第１巻《かん》　くらしのなかのどんな知的財産《ちてきざいさん》がどんな権利《けんり》で守られているか

第２巻《かん》　知的財産権《ちてきざいさんけん》が法律《ほうりつ》でどのようにさだめられているか

第３巻《かん》　知的財産権《ちてきざいさんけん》がどのようにつかわれているか

第１巻《かん》では、チザイ学園のパソコン部員といっしょに、じっさいの製品《せいひん》や事柄《ことがら》を見ながら、くらしのどこに知的財産《ちてきざいさん》がかくれているのかをさぐります。身近なところに、さまざまな知的財産《ちてきざいさん》があることを感じてください。

さて、物語はチザイ学園の放課後からはじまります。小学部と中学部にまたがるパソコン部。どんな面々がなにをしているのか……。部室をのぞいてみましょう。

ゲームから見えてくるさまざまな権利《けんり》

勇太先輩《せんぱい》プロデュース！ダンス勝負に強い敵《てき》
ふりふり
ガオーーン
ふりつけも超《ちょう》イケてる
さすが、勇太くん。よくやった
ポン
世界の建築物《けんちくぶつ》をめぐりながら敵《てき》とたたかうゲーム！コン部の自信作だよ
キャー
ステキ
もしかしてコレ、売れるかもしれませんね
部費《ぶひ》がふえたら、あたらしいパソコンが…
ヒヒヒ
フフフ
なら、まねされないように特許《とっきょ》をとりましょう
ゲームを守るのは著作権《ちょさくけん》じゃないかな？
特許権《とっきょけん》ですよ
わかんないー
おや、なんのさわぎだい
ガラッ

なるほど、そういうわけか。
苦労してつくったゲームの
模造品《もぞうひん》がでるのはくやしいね。
それに、売りあげにも影響《えいきょう》する。
ゲーム制作者《せいさくしゃ》の権利《けんり》には、
おもにこの３つが考えられるよ

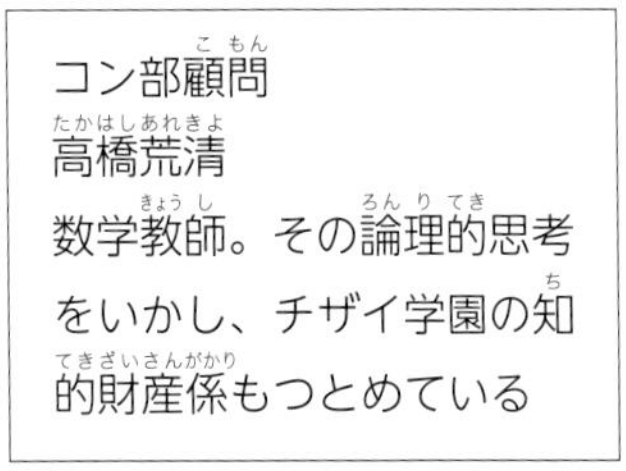
コン部顧問《こもん》
高橋荒清《たかはしあれきよ》
数学教師《きょうし》。その論理的《ろんりてき》思考をいかし、チザイ学園の知《ち》的財産係《てきざいさんがかり》もつとめている

著作権《ちょさくけん》 文化にかかわる創作物《そうさくぶつ》を守る

ほらねー

ゲームは、著作権法《ちょさくけんほう》で著作物《ちょさくぶつ》とされるもののうち、映画《えいが》の著作物《ちょさくぶつ》としてあつかわれる。
売られているゲームを許可《きょか》なくコピーして販売《はんばい》したり、一部の動画や画像《がぞう》をコピーしてネット配信したりすると権《けん》利《り》の侵害《しんがい》となる。

ゲームって、
アニメ映画《えいが》を見ている
みたいだもんね

著作物《ちょさくぶつ》は、考えや気持ちを創作的《そうさくてき》に表現《ひょうげん》したもの。出願しなくても、創作《そうさく》しただけで権利《けんり》がうまれる。ゲームのはじまりの画面には、著作権《ちょさくけん》にかんする注意書きが表示《ひょうじ》されている。

商標権《しょうひょうけん》

キャラクターの価値《かち》を守る

にたようなゲームなら
キャラクターが
かわいいのをえらぶよ

キャラクターが
ウリと
いうことだね

キャラクターがゲームの人気をささえている場合は、商標権《しょうひょうけん》があてはまる。

商標登録されたキャラクターの名前や絵をかってに使用すると、権利《けんり》の侵害《しんがい》となる。

商標とは、商品やサービスを他人のものと区別するための名前やマークのこと。特許庁《とっきょちょう》に商標出願をしてみとめてもらう。

特許権《とっきょけん》

しくみなどのアイデアを守る

あのゲームの
戦闘《せんとう》方法は
画期的だった
しみじみ

アイデアなら
特許権《とっきょけん》なのね

ゲームをなりたたせる独自《どくじ》のしくみには、特許権《とっきょけん》があたえられる。たとえば、プレイヤーが自分のペースですすめていくロールプレイングゲーム（RPG《アールピージー》）で、戦闘《せんとう》シーンだけコンピューターが時間を管理するアクティブタイムバトルというしくみは、ゲームにかかわる発明として有名。

特許権《とっきょけん》は、発明のアイデアを一定のあいだ独占《どくせん》できる権利《けんり》。特許庁《とっきょちょう》に特許《とっきょ》出願をしてみとめてもらう。形や構造《こうぞう》のくふうにかんするアイデアなら実用新《じつようしん》案権《あんけん》で守られる。

ゲームの制作《せいさく》にはいろんな権利《けんり》がかかわるんですね
うんうん
そうね

ぼくたちのゲームって、ほかの人の権利《けんり》を侵害《しんがい》してないのかな？
うんうん
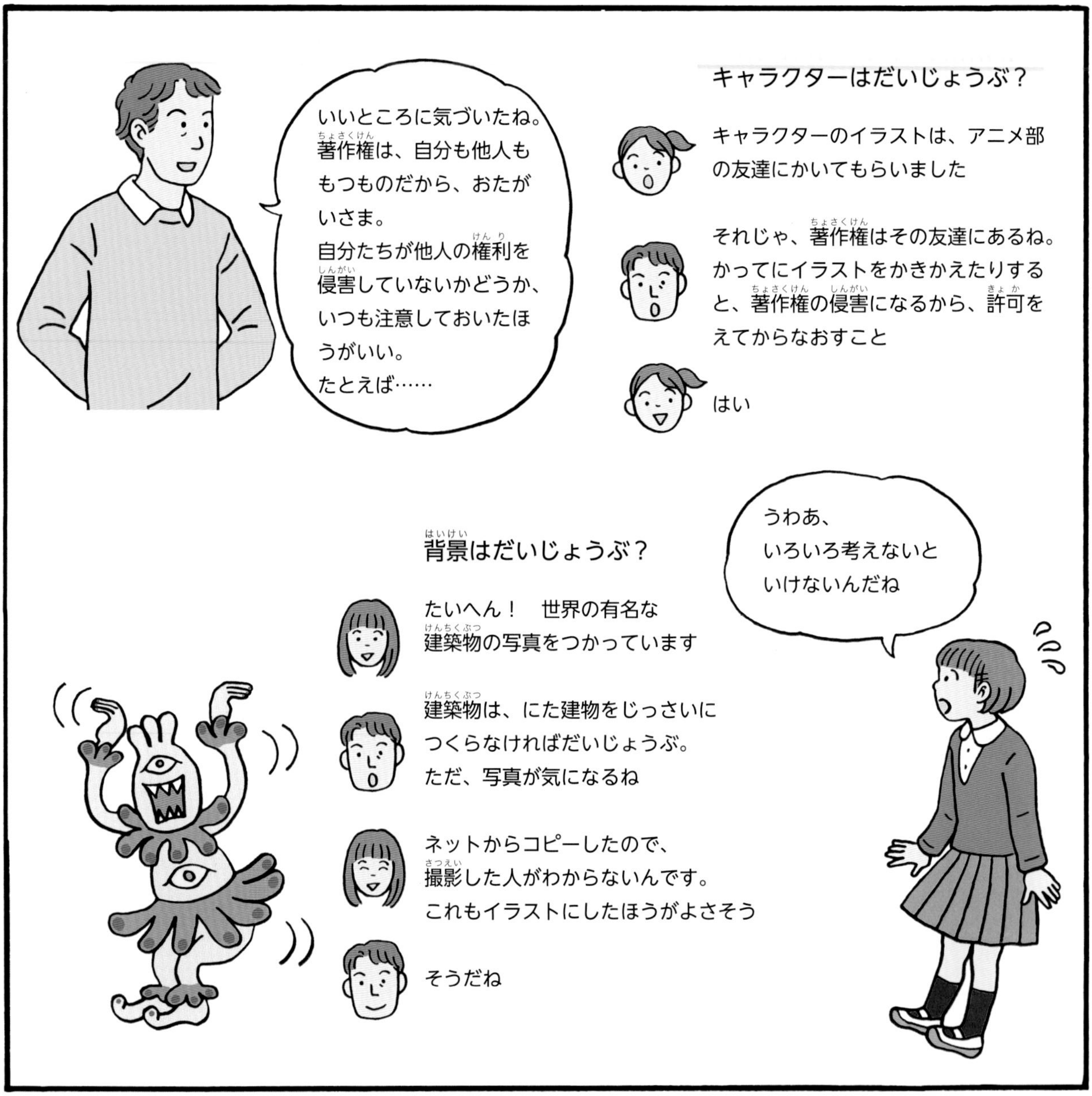
いいところに気づいたね。著作権《ちょさくけん》は、自分も他人ももつものだから、おたがいさま。自分たちが他人の権利《けんり》を侵害《しんがい》していないかどうか、いつも注意しておいたほうがいい。たとえば……
キャラクターはだいじょうぶ？
キャラクターのイラストは、アニメ部の友達にかいてもらいました
それじゃ、著作権《ちょさくけん》はその友達にあるね。かってにイラストをかきかえたりすると、著作権《ちょさくけん》の侵害《しんがい》になるから、許可《きょか》をえてからなおすこと
はい
うわあ、いろいろ考えないといけないんだね
背景《はいけい》はだいじょうぶ？
たいへん！　世界の有名な建築物《けんちくぶつ》の写真をつかっています
建築物《けんちくぶつ》は、にた建物をじっさいにつくらなければだいじょうぶ。ただ、写真が気になるね
ネットからコピーしたので、撮影《さつえい》した人がわからないんです。これもイラストにしたほうがよさそう
そうだね

音楽はだいじょうぶ？

パパが子どもだったころのアニメソングを、
歌詞《かし》なしでつかっています

著作権《ちょさくけん》は作曲家の死後70年まで
有効《ゆうこう》なので、
だまってつかうと侵害《しんがい》になるぞ

そうなんですね。
じゃ、かえなくちゃ

いやいや、使用料をはらえば
つかえることもある

よかった。
しらべてみます

ふりつけはだいじょうぶ？

勇太くんがつくったキャラは、
ダンスがうまいんだったよね。
ふりつけは、自分で考えたのかい？

それが……。
オリジナルのふりつけってうまくいかなくて。去年はやったリンゴくんダンスをおどらせてます

ふりつけも著作権《ちょさくけん》で守られているんだよ。
それは、まずいぞ

どうしよう……

うちのお姉ちゃん、ダンス部なの。
考えてもらえるかきいてみる

よかった。
ダンス部ならまかせて安心だね

うちのお姉ちゃんだしね

著作者《ちょさくしゃ》の名前について

いろんな部に協力してもらえそうだね。
ところで、映画《えいが》のエンドロールを
知っているかい？

最後にながれる黒い画面にたくさんの
名前が書いてあるあれですか？

そうそう。ああやって、自分の名前を
だすかどうかをきめる権利《けんり》も、
著作者《ちょさくしゃ》にあるんだよ

ということは、イラストやふりつけで
協力してくれた人に、名前をだすか
どうか、きいたほうがいいんですね

権利《けんり》を尊重《そんちょう》するのは、
協力してくれた著作者《ちょさくしゃ》への礼儀《れいぎ》でもあるからね

こうして見ると、ひとつのゲームにはたくさんの人がかかわってるね
たくさんの創作《そうさく》をつめこんだ宝箱《たからばこ》だ！

産業の発達に役立つ権利《けんり》

ゲーム制作《せいさく》にかかわる
権利《けんり》に、特許権《とっきょけん》も
ちゃんとはいってたね
でも、著作権《ちょさくけん》の役割《やくわり》が
大きいみたい。
じゃ、特許権《とっきょけん》ってなに
にかかわってるの？
最近では、ゲームやソフトウェアの
特許権《とっきょけん》もふえてはいる。
でも、日本の特許権《とっきょけん》は長年ものの
発明に大きくかかわってきたんだ。
特許権《とっきょけん》をすこしだけ説明しよう

発明者の権利《けんり》を守る

1885年（明治18年）、いまの特許法《とっきょほう》のもととなる特許条例《とっきょじょうれい》ができた。これにより、船底のさび止め用塗料《とりょう》の発明に日本の特許《とっきょ》第1号があたえられた。それから約130年のあいだに、多くの発明がうまれた。

カップ麺《めん》

カチカチ

シャープペンシル

カラオケ装置《そうち》

携帯用《けいたいよう》カセットプレイヤー

特許法《とっきょほう》や実用新案法《じつようしんあんほう》では、あたらしいアイデアをつかう権利《けんり》が一定のあいだ守られ、ほかの人にまねされないようになっている。
理由は……

- それまでにないものをつくるには時間とお金がかかる。苦労してつくっても、まねされて売れなかったら大損《おおぞん》になる。また、やる気をそがれてしまう
- 形だけまねをした質《しつ》のわるい商品がでると、本物の信用がおちる
- 一定期間アイデアを独占《どくせん》できることにすれば、いいアイデアを秘密《ひみつ》にせず公開してもらえる。すると、それをもとによりよいアイデアがうまれる

あ〜あ
もうけ
開発費《かいはつひ》

発明が産業をそだてた

発明者の権利《けんり》が法律《ほうりつ》で守られている理由のひとつは、発明が産業の発達にかかせないから。産業は、人の生活に必要なものをつくって売ること。人間は、数えきれないほどの発明をくりかえして技術《ぎじゅつ》を進歩させ、産業のうえになりたつ現在《げんざい》のゆたかな生活をきずきあげてきた。

技術《ぎじゅつ》はこんなにすすんだ！

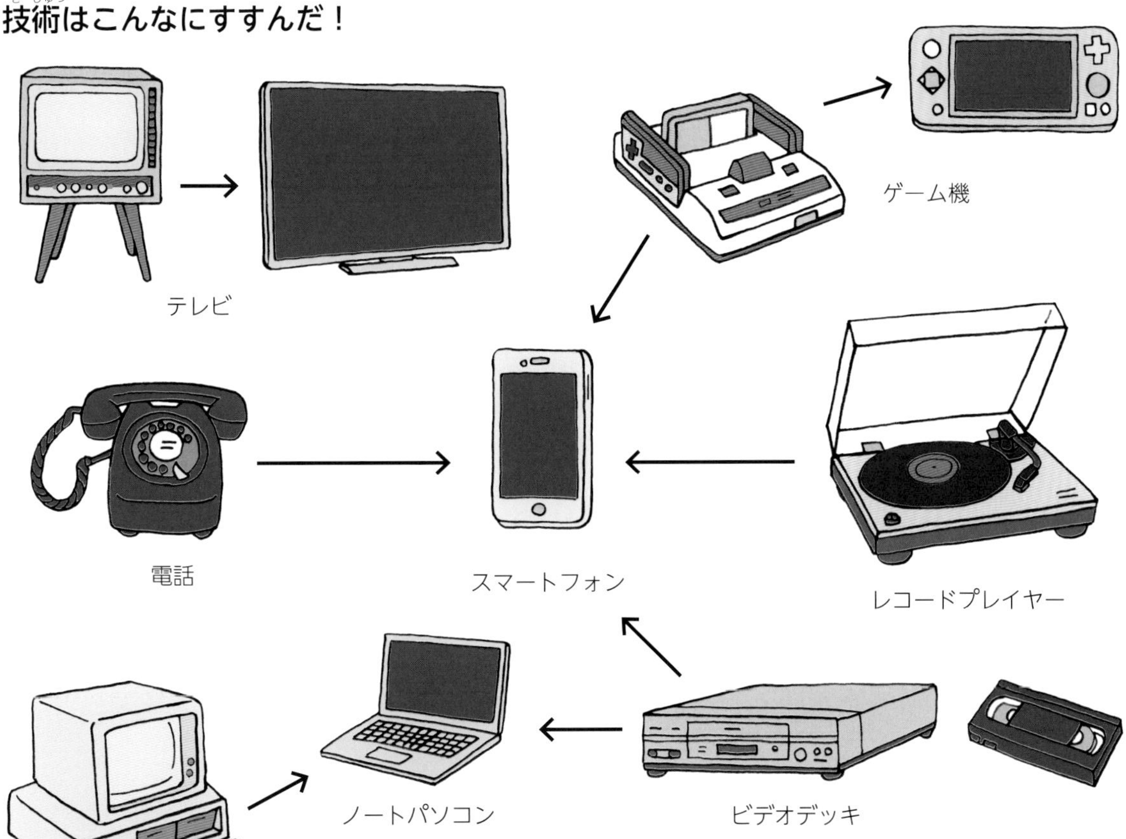
ゲーム機
テレビ
電話
スマートフォン
レコードプレイヤー
ノートパソコン
ビデオデッキ

パソコン

かつて生活を便利にした電化製品《せいひん》は、技術《ぎじゅつ》の進歩でさらに便利になった。そして時代は情報化《じょうほうか》社会となり、楽曲をCDで買わずにダウンロードするなど、電子的なシステムもあらわれた。そのため、いまでは物理的ではないソフトウェアやビジネスの方法にも特許権《とっきょけん》がみとめられるようになっている。

産業をそだてるためのだいじな権利《けんり》には、このほかに実用新案権《じつようしんあんけん》、商標《しょうひょう》権《けん》、意匠権《いしょうけん》がある。意匠権《いしょうけん》は、製品《せいひん》のデザインをまねされないための権《けん》利《り》。デザインは製品《せいひん》の売れゆきや、つかいやすさに関係しているんだ。それでは、それぞれの権利《けんり》が製品《せいひん》のなにをどう守っているのか、じっさいに見ていこう
権利《けんり》と産業……？

実用新案 意匠 商標

魔法《まほう》の調理法を実現《じつげん》させた取っ手のアイデア

サーモス シャトルシェフ

いちど沸騰《ふっとう》させれば、火も電気もなしでにこめる保温《ほおん》調理器。この発想を実現《じつげん》させるための技術《ぎじゅつ》で実用新案権《じつようしんあんけん》を取得《しゅとく》。たしかな技術《ぎじゅつ》と、意匠権《いしょうけん》で守られたフォルムで商標THERMOS《サーモス》の人気と信頼《しんらい》をたかめる。

THERMOS
Shuttle Chef
商標権《しょうひょうけん》
実用新案権《じつようしんあんけん》
意匠権《いしょうけん》

おいておくだけで、
にこんでくれる。
しかもおしゃれなんだよね

THERMOS

真空断熱《だんねつ》テーブルスープジャー

この製品《せいひん》をささえている権利《けんり》

実用新案権《じつようしんあんけん》

熱が効率《こうりつ》よく均等《きんとう》につたわるようにくふうされた調理鍋《ちょうりなべ》と、魔法瓶《まほうびん》の技術《ぎじゅつ》をつかった保《ほ》温容器《おんようき》を組みあわせた二重構造《にじゅうこうぞう》のシャトルシェフ。カギとなる保温《ほおん》性《せい》をたもちながら、安全でつかいやすい調理器とするために、取っ手の形にくふうをこらし実用新案権《じつようしんあんけん》を取得《しゅとく》。

意匠権《いしょうけん》

つかいやすいだけでなく、料理がたのしくなるようにデザインされた、調理鍋《ちょうりなべ》と保温容《ほおんよう》器《き》の形を意匠《いしょう》登録。
いつも食卓《しょくたく》においておけるテーブルスープジャーのユニークなデザインも、意匠《いしょう》登録されている。

商標権《しょうひょうけん》

100年をこえる歴史をもつTHERMOS《サーモス》のロゴ。
世界じゅうで、このロゴのついた魔法瓶《まほうびん》には、あつい信頼《しんらい》がよせられる。日本でも商標登録され、シャトルシェフや水筒《すいとう》、保《ほ》温機能《おんきのう》をもつランチグッズなどの製品《せいひん》につけられている。
Shuttle Chef《シャトルシェフ》は真空保温《ほおん》調理器専用《せんよう》の商標。

1935年のイギリスでの広告《こうこく》。THERMOS《サーモス》ブランドは世界じゅうで人気をはくした

魔法瓶《まほうびん》は、英語でthermosという？

THERMOS《サーモス》は、もともとは1904年に世界ではじめてお湯を保温《ほおん》する魔法瓶《まほうびん》を売りだしたドイツの会社の商標で、その後多くの国で商標登録された。この魔法瓶《まほうびん》は、あっというまに世界じゅうでつかわれるようになり、英語ではこの商標がそのまま魔法瓶《まほうびん》をあらわす普通名詞《ふつうめいし》になってしまった。そのため、かつては英和辞書を引くと、「thermos：魔法瓶《まほうびん》」と書いてあった。けれども、辞書にのっている普通名詞《ふつうめいし》は、商標登録ができない。あらたに日本での商標登録をめざしたサーモスは、THERMOS《サーモス》が自社の商標であることを世にしめす努力を何年もつづけなければいけなかった。その結果、辞書を修正《しゅうせい》してもらい、はれて魔法瓶《まほうびん》の区分でTHERMOS《サーモス》のロゴを独占《どくせん》できるようになった。

世界ではじめての魔法瓶《まほうびん》

餅《もち》&アイスという発想を形に

ロッテ 雪見だいふく

特許 意匠 商標

約40年もあいされつづける和菓子《わがし》のようなアイスクリーム。アイスクリームをつつむことのできる餅《もち》の開発で特許権《とっきょけん》を取得《しゅとく》。商品イメージにぴったりの商標で人気をえた。

商標権《しょうひょうけん》

特許権《とっきょけん》

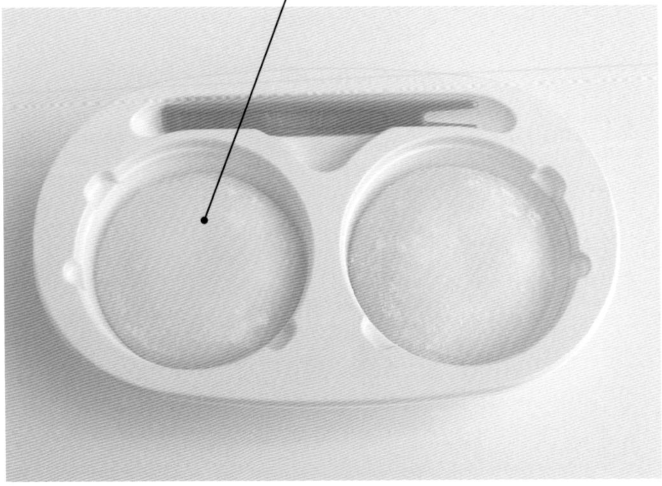

この製品《せいひん》をささえている権利《けんり》

特許権《とっきょけん》

こおるとかたくなる餅《もち》と、温めるととけるアイスクリームを組みあわせるという発想はそれまでなかった。けれども、特許権《とっきょけん》をとったのは、その発想を実現《じつげん》させるための技《ぎ》術《じゅつ》だ。研究をかさねて、冷凍《れいとう》してもかたくならない餅《もち》を発明。さらに、20年の特《とっ》許《きょ》がきれるまえに、技術《ぎじゅつ》を改良してあらたに特許《とっきょ》出願をした。特許権《とっきょけん》をだいじにすることで、ロングセラーにさらに命がふきこまれた。

商標権《しょうひょうけん》

だいふく、ふわふわ、白、バニラアイスクリーム、つめたい、雪という商品イメージが、見ただけでパッと頭にうかぶ、「雪見だいふく」という商品名。発売された年から商標登録され、いまではすっかり日本人になじんでいる。

LOTTE
もちもち福したら来る
雪見だい福
www.lotte.co.jp
種類別 アイスミルク
卵・乳成分

統一感《とういつかん》でブランドを守る

パッケージは、ときどき変更《へんこう》される。また、冬限定《げんてい》で文字が大きな「ふく」や、「福」となることも。でも、赤と白でまとめたイメージがおなじなので、みんながひと目で雪見だいふくだとわかる。

あのやわらかさは
研究の成果なのね

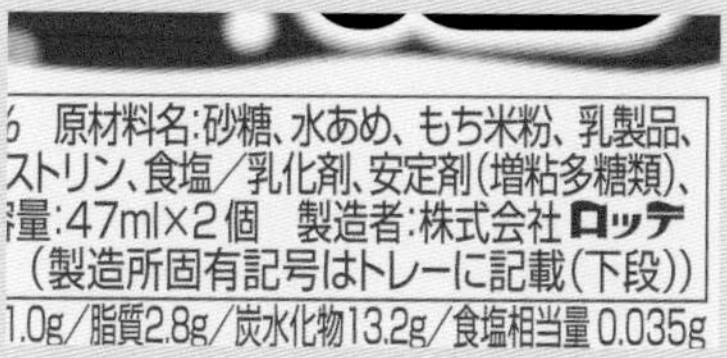
原材料名:砂糖、水あめ、もち米粉、乳製品、
ストリン、食塩／乳化剤、安定剤(増粘多糖類)、
量:47ml×2個 製造者:株式会社ロッテ
(製造所固有記号はトレーに記載(下段))
1.0g/脂質2.8g/炭水化物13.2g/食塩相当量0.035g

雪見だいふくの原材料表示《ひょうじ》

だいふくは、あんを餅《もち》でつつんだ和菓子《わがし》。だいふく餅《もち》ともいう

秘密《ひみつ》はもち米のでん粉

雪見だいふくのパッケージの原材料名には、砂糖《さとう》、水あめ、もち米粉などと書かれている。もち米のでん粉は、ふつうのでん粉の主成分とはすこしちがう、略《りゃく》アミロペクチンでできている。これがやわらかな餅《もち》の秘密《ひみつ》のひとつ。さらに、でん粉と糖《とう》の割合《わりあい》や、最適《さいてき》な水分量などの研究をかさねた結果、だいふくのように手でもってたべられるふしぎでおいしいアイスクリームがうまれた。

「むかしながら」をコンピューターで

グリコ オフィスグリコ

特許
意匠
商標

江戸時代《えどじだい》にはじまった「富山《とやま》の薬売り」をヒントに、現代《げんだい》のシステムをつくりあげ特許権《とっきょけん》を取得《しゅとく》。お菓子《かし》の老舗《しにせ》「グリコ」の商標が、おいしさとたのしさを保証《ほしょう》している。

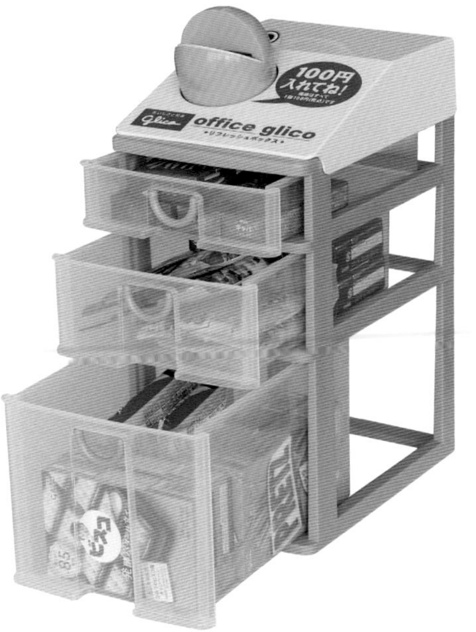
100円
入れてね!
office glico
•リフレッシュボックス•

お金を
入れてね!
office glico
•リフレッシュボックス•

商標権《しょうひょうけん》

オフィスグリコは、オフィスにおかれたお菓子《かし》のボックスにお金をいれて、すきなお菓子《かし》をとっていくしくみ。何日かするとグリコの販売員《はんばいいん》がきてボックスのなかみをかえ、集金していく。

※イメージ画像《がぞう》（写真）

特許権《とっきょけん》

便利だし、
わくわくするしくみだね

コンピューターで商品を管理

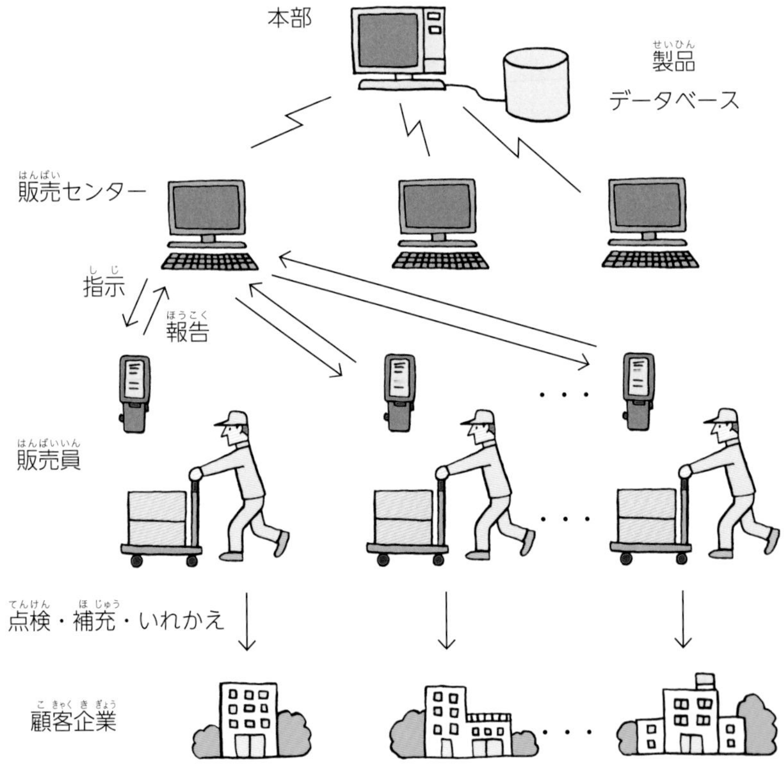
本部
製品《せいひん》
データベース
販売《はんばい》センター
指示《しじ》
報告《ほうこく》
販売員《はんばいいん》
点検《てんけん》・補充《ほじゅう》・いれかえ
顧客企業《こきゃくきぎょう》

この製品《せいひん》をささえている権利《けんり》

特許権《とっきょけん》

富山《とやま》の薬売りは、置き薬からつかったぶんだけ代金をもらい、なくなった薬をたしていく。オフィスグリコは、このしくみにコンピューターを組みこむことで、より複雑《ふくざつ》な商品管理を実現《じつげん》。むだの少ない商品のいれかえが、頭をなやませることなくできる。買う人にとっても、しょっちゅうかわるボックスのなかみをたのしめるという利点がある。

先生、学校にもいれてください！

商標権《しょうひょうけん》

「オフィスグリコ」の商標には、長い伝統《でんとう》をもつ「グリコ」の文字（これも商標）がはいっている。これが、グリコのたのしいお菓子《かし》を連想させ、買う人の心をひきつける。置き薬にちなんだ「置き菓子《がし》」ということばは、グリコが商標登録している。そのため、グリコだけがこのことばをつかうことができる。

薬売りの柳行李《やなぎごうり》。柳行李《やなぎごうり》には薬とともに、懸場帳《かけばちょう》がはいっていた。懸場帳《かけばちょう》には、お得意《とくい》さまの名前、住所、おいてきた薬の内容《ないよう》、日づけなど、だいじなデータが書きこまれていた

置き薬

江戸時代《えどじだい》なかごろに富山藩《とやまはん》がはじめた薬を売る方法。薬売りが全国の家を一軒《いっけん》いっけん歩いてまわり、いろいろな薬をおいていった。薬売りはその後、年に1、2度、各家をたずねて置き薬をたしかめる。つかった薬があれば、そのぶんだけお金をもらい、なくなった薬をたしていく。商売のしくみ、薬の質《しつ》、薬売りその人が信用されてなりたつ地道な売りかただった。しかし努力がみのり、富山《とやま》の薬売りはひろく名を知られるようになった。ほかに、奈良《なら》、滋賀《しが》、佐《さ》賀《が》県からも薬売りがうまれたという。現在《げんざい》も、全国配置薬協会を中心に、いまの時代にあった置き薬の販売《はんばい》が全国でおこなわれている。

柳行李《やなぎごうり》を背負《せお》い全国をまわった薬売り。紙風船などをくれるので子どもに人気があった

形ないものの発明にかかわる特許権《とっきょけん》

長いあいだ、特許権《とっきょけん》はおもにものをつくって売る産業にかかわってきた。ところが、コンピューターやインターネットが発達すると、商売のしくみがかわったり、これまでにない商売が登場したりしはじめた。そのため、特許権《とっきょけん》にも変化がおきている。
ここでは、インターネット上のしくみにかかわる特許権《とっきょけん》を見ていこう。

アマゾン・ドット・コムの「ワンクリック特許《とっきょ》」

「ワンクリック特許《とっきょ》」ってなに？

インターネットで買いものをするときには、ほしいものをカートにいれて、購入《こうにゅう》手続きをするためのボタンをおし、名前などの情報《じょうほう》をいれたあと、完了《かんりょう》ボタンをおさなくてはいけない。しかし、くりかえし購入《こうにゅう》する人が、そのたび、何度もボタンをおしたり情報《じょうほう》を入力したりするのはめんどうなことだ。

そこで、アマゾン・ドット・コム（以下、アマゾン）は、一度買いものをしてID《アイディー》（本人だという証《しょう》明《めい》）をもてば、つぎからはほしいものの画面で一度ボタンをおすだけで注文が完了《かんりょう》するしくみをつくった。ID《アイディー》をもつ人がワンクリック用の注文ボタンをおすと、すでに登録されているその人の情報《じょうほう》がサーバにながれ、サーバが注文を実行するのだ。

このしくみには、アメリカや日本などで特許権《とっきょけん》があたえられた。

このしくみの利点

- 買いものをする人は、ボタンを何度もおしたり、名前、住所、クレジットカードの番号などをいちいち入力したりする手間がいらずにらく
- 個人情報《こじんじょうほう》を一度入力すればすむので、ネット上で情報《じょうほう》をぬすまれる心配がへる
- アマゾンにとっては、とりあえずカートにいれられたままわすれられてしまう商品がへり、売りあげがあがる

特許権《とっきょけん》がもたらした利点

- 特許権《とっきょけん》の存続《そんぞく》期間内には、ワンクリックの便利なしくみを独占《どくせん》できた。そのため多くの人が、ネットショップのなかからアマゾンをえらぶようになり、お得意《とくい》さまがふえた
- このしくみをつかいたいという他業種の企業《きぎょう》に許《きょ》可《か》をだしてライセンス料をとることができた

以前のやりかたとの比較《ひかく》

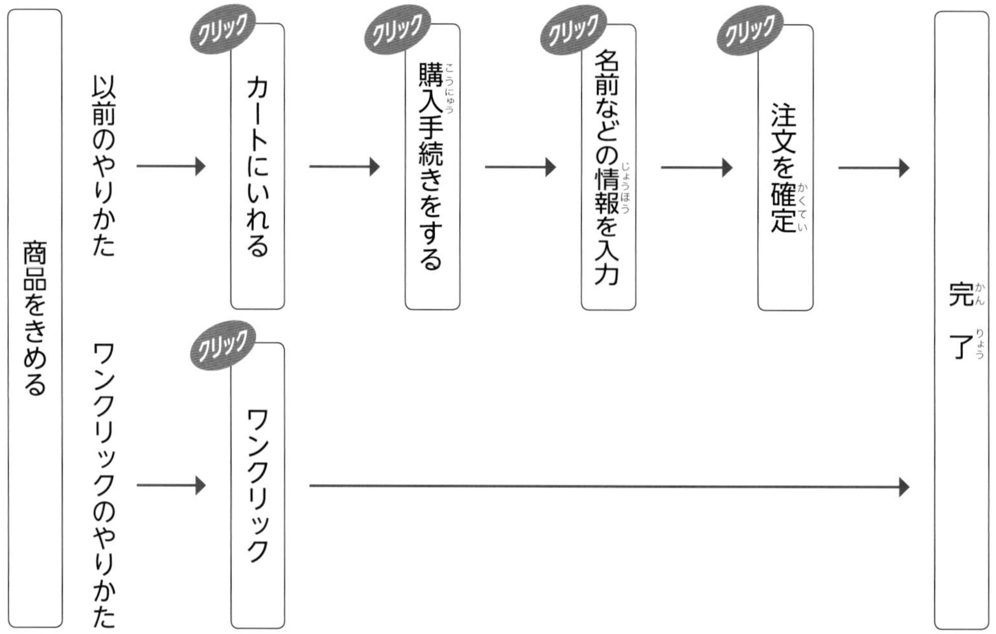

グーグルの「ページランク特許《とっきょ》」

「ページランク特許《とっきょ》」ってなに？

　インターネットには、数えきれないほどのサイトがある。そのなかから必要なサイトにはいる方法のひとつに検索《けんさく》がある。

　検索《けんさく》エンジンとは、検索《けんさく》のためのしくみ。自動巡回《じどうじゅんかい》で各サイトからあつめてきたページを整理してデータベースをつくり、そこからキーワードに適《てき》したページをリストアップする。リストアップの方法によっては、リストの上位にあがったページが古い、信用できないということがおこりうる。それでは利用者が適切《てきせつ》な情報《じょうほう》をすばやくえることはできない。

　そこで、スタンフォード大学博士課程《はくしかてい》のラリー・ペイジとセルゲイ・ブリンがあたらしい検索《けんさく》エンジン、グーグルを開発し論文《ろんぶん》にまとめた。このグーグルがページをリストアップするときの方法が「ページランク」だ。

　ふたりは、ページの質《しつ》を、そのページにとぶリンクの多さとリンク元の質《しつ》で見きわめようとした。多くの人がリンクしたいと思うページは信用されているし、リンク元のサイトの質《しつ》が高ければ、そのサイトの質《しつ》も高いという考えだ。こうしたランクづけにより、リストの上位に質《しつ》の高いページがくるようになった。さらに、だれかが自分のページを上位にしようと不正な操作《そうさ》をすれば、それがわかるようにする方法も考えた。

ページランクの特許権《とっきょけん》と商標

　このしくみの特許権《とっきょけん》はスタンフォード大学が取得《しゅとく》。ペイジとブリンが創業《そうぎょう》したグーグルという会社が使用する許可《きょか》をうけた。

「PAGERANK《ページランク》」はグーグルがもつ商標。

特許《とっきょ》だけでおわらせない

　ページランクは画期的な技術《ぎじゅつ》だった。それまで、これほど大量の情報《じょうほう》を、正確《せいかく》に見きわめることのできる方法はなかった。

　この技術《ぎじゅつ》でグーグルの検索《けんさく》エンジンの人気は急激《きゅうげき》に高まった。けれども、特許取得《とっきょしゅとく》にあぐらをかくことなく、グーグルはよりユーザーの目的にあう検索《けんさく》ができるエンジンの開発に力をそそいだ。いまでは、日本のほとんどの検索《けんさく》システムがグーグルの検索《けんさく》エンジンをつかっている。

こぼれ話

　グーグル（Google）は、英語のgoogol《グーゴル》（10の100乗という意味）からうまれたことば。検索用《けんさくよう》のデータベースがとてつもなく大きくなるだろうという予測《よそく》から、ペイジたちは、検索《けんさく》エンジンを莫大《ばくだい》な数を意味するGoogol《グーゴル》と名づけることにした。ところが、商標出願のときにペイジがスペルをまちがえて書いてしまい、Google《グーグル》と登録されてしまったという。

検索《けんさく》エンジンのしくみ

1.ロボットがネット上のページをあつめる

2.データベースにいれる

3.データベースからキーワードに適《てき》したページをえらぶ

シンプルなノートにくふうがぎゅっ

コクヨ キャンパスノート

特許 意匠 商標

1975年に糸でとじないノートとして登場。シンプルな表紙を意匠権《いしょうけん》で守り、Campus《キャンパス》の商標でブランドを確立《かくりつ》。背表紙《せびょうし》には独自《どくじ》の技術《ぎじゅつ》がいきる。

特許権《とっきょけん》
意匠権《いしょうけん》
商標権《しょうひょうけん》
Campus
A+ 7.7mm×27行 ドット入り文系線 30枚 ノ-F3AMN-P
KOKUYO
中学部になったら
キャンパスノートを
つかうんだ
ドット入り罫線《けいせん》

この製品《せいひん》をささえている権利《けんり》

特許権《とっきょけん》

背《せ》はノートをたばねるだいじな部分。長くつかううちにすりきれてページがばらばらにならないように、強度をもたせた。さらに、ノートをたててならべたときに区別がつくよう、背《せ》にタイトルを書けるようにした。部材やそのはりつけかたを研究した独自《どくじ》の技術《ぎじゅつ》で特許権《とっきょけん》を取得《しゅとく》。

意匠権《いしょうけん》

シンプルであきのこない表紙も、マイナーチェンジのたびに意匠《いしょう》登録して、まねされないようにデザインを守っている。日本以外の国でも登録している。また、図形などをきれいにかくための目印になるドット入り罫線《けいせん》など、なかのノート用紙の意匠権《いしょうけん》ももっている。

商標権《しょうひょうけん》

表紙で目をひくCampus《キャンパス》のロゴは、商標登録されている。ひと目でほかのノートと区別できる、この商品の顔といえる。ロゴのマイナーチェンジのたびに登録出願をしている。

なかの線のデザインまで
権利《けんり》で守られているのか
Campus

LOTTE
Campus
ENJOY TODAY!
Fit's
ラムネ味
GUM
Campus
KOKUYO

ライセンス契約《けいやく》

商標権《しょうひょうけん》は自分だけがつかうとはかぎらない。ライセンス契約《けいやく》をむすんで、ほかの人や会社に自社の商標権《しょうひょうけん》の使用を許可《きょか》することがある。菓子《かし》会社のロッテがコクヨとライセンス契約《けいやく》をむすんだために、キャンパスノートのように見える、おもしろいガムのパッケージがうまれた。これによりロッテはガムの売りあげがのび、コクヨはライセンス料をえることができて、どちらの会社にとっても利益《りえき》がうまれた。

つるんとラクにのむための技術《ぎじゅつ》

龍角散《りゅうかくさん》 おくすり飲めたね

特許 意匠 商標

小さな子からお年寄《としよ》りまで、いろいろな年齢《ねんれい》の「のみこみづらい」人のためにつくられた、薬をのむためのゼリー。薬をあつかう会社だからこそのこだわりがうんだ技術《ぎじゅつ》で、特許権《とっきょけん》を取得《しゅとく》。

子ども用

特許権《とっきょけん》

商標権《しょうひょうけん》

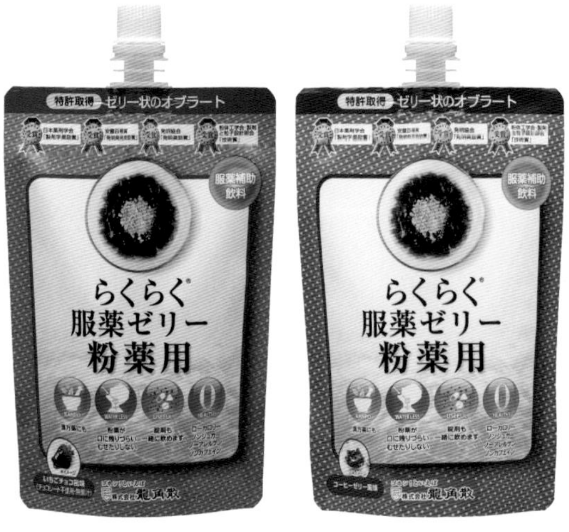

おとな用

この製品《せいひん》をささえている権利《けんり》

特許権《とっきょけん》

のみこみやすさとともに、薬の効果《こうか》をなくさない、薬のいやな味をやわらげる、糖尿病患《とうにょうびょうかん》者《じゃ》のためにノンシュガー、ローカロリーにするなど、高い目標をかかげて研究をすすめた。その結果、のど薬の老舗《しにせ》がもつ知識《ちしき》と技術《ぎじゅつ》でこれらをすべて解決《かいけつ》。特許取得《とっきょしゅとく》のあとも研究はつづき、より苦みを感じにくくするよう改良した技術《ぎじゅつ》でさらなる特許《とっきょ》をうけた。

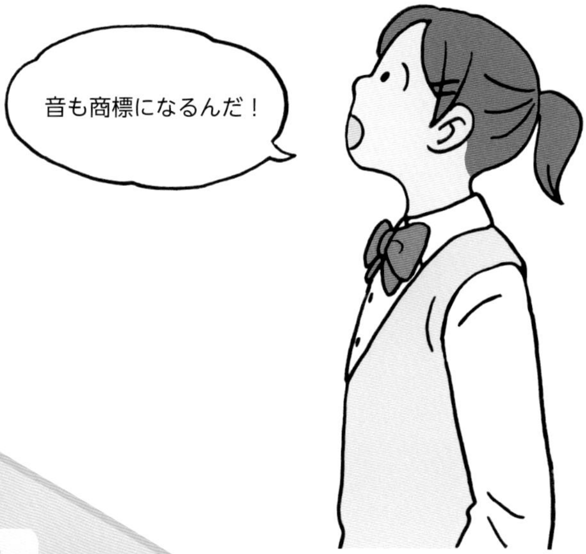

商標権《しょうひょうけん》

さまざまな年齢《ねんれい》の人がつかうため、子ども用とおとな用の商品名をそれぞれ商標登録した。子ども用のパッケージの動物の絵もひとつひとつ商標登録。また、テレビコマーシャルなどでつかわれる「おくすりのめたね」のメロディーは、音商標として登録されている。

®ってなに？

この商品のおとな用は「らくらく®服薬ゼリー」。ここについている®は、その商標が登録されていることをしめす記号。R《アール》は英語で商標をあらわすregistered trademark《レジスタード トレードマーク》の頭文字。日本の商標法でつけることがきめられているわけではないが、®をつけると商標ということがひと目でわかる。「らくらく」のような、よくつかわれることばを商標とわかってもらうのに効果《こうか》がある。

人気と信頼《しんらい》をがっちり守る

森永製菓《もりながせいか》 ミルクキャラメル チョコボール

どちらのパッケージにも、おなじみのエンゼルマークがついている。エンゼルマークは、リニューアルをくりかえしながら100年以上つかわれている商標。ずっとおいしい夢《ゆめ》をみんなにあたえつづけている。

商標権《しょうひょうけん》

商標権《しょうひょうけん》

当たりマークをあつめておくるともらえる「おもちゃのカンヅメ」（2020年現在《げんざい》）とその商標

この製品《せいひん》をささえている権利《けんり》

商標権《しょうひょうけん》

「チョコボール」は、一般的《いっぱんてき》にまるいチョコレートのお菓子《かし》をさすことばでもある。このため、一度は商標登録をことわられた。しかし、「不服審判《ふふくしんぱん》」（第２巻《かん》24ページ参照）をもとめた結果、商標登録することができた。商品名と商品ロゴのほかにも、キョロちゃんのキャラクターを名前とイラスト、鳴き声（クェクェ）で商標登録。また、当たりマークでもらえる「おもちゃのカンヅメ」とエンゼルマークをあわせて商標登録している。

商標権《しょうひょうけん》

明治32年（1899年）にキャラメルを売りだし、日本人にあたらしいおいしさをひろめた森永製菓《もりながせいか》。まねをした質《しつ》のわるい商品がでまわっていたため、明治38年（1905年）に最初のエンゼルマークをつけ、ほかの商品と区別した。大正２年（1913年）には、商品名を「ミルクキャラメル」とし、つぎの年にはおなじみの黄色い箱を採用《さいよう》した。

1905年、エンゼルマークを天童印《てんどうじるし》とよび粗製《そせい》の類似品《るいじひん》と見わけてもらうことをうったえた広告《こうこく》

1905年 エンゼルマーク

1917年に商標登録されたパッケージデザイン

売り手と買い手をつなぐ

商品が売れるために重要なのは、なにより商品そのものの質《しつ》だ。ただし、消費者《しょうひしゃ》がせっかく気にいっても、店でその商品をほかの商品と区別できなければ、買うことはできない。そのたすけとなるのが商標だ。商標登録をすれば、他社はにた商標がつかえなくなるので、ほかと区別することが可能《かのう》になる。商標法には、出願して登録された商標をつかうときには、できるだけ「登録商標」であることを表示《ひょうじ》することと書いてある。

気づかぬうちに見ている商標

これまでてできた商標は、おもに商品名、ブランドといった文字や、パッケージにつかわれる絵やマークだった。じつは、商標の表現《ひょうげん》方法はほかにもある。さまざまなくふうで独自性《どくじせい》をだそうとする企業《きぎょう》の努力にこたえ、いまではさまざまな商標がみとめられるようになった。注意してみると、わたしたちのまわりには、ひと目でわかる特徴《とくちょう》ある商標がけっこうある。

立体商標

立体的なものの形を商標としたもの

ひげのおじいさんに、ぺろっと舌《した》をだした女の子。こんなおなじみの人形が店のまえでむかえてくれるのが、ケンタッキーフライドチキンと不二家《ふじや》レストラン。これらの人形は、立体商標の代表といえる。知らない場所でおなかがすいたときでも、この人形を見れば、いつもの味にであえるとほっとする。

お菓子《かし》のなかには、パッケージがなくても形だけで見わけられるものがある。「きのこの山」は、お菓子《かし》の形自体を商標登録している。ずっとしたしまれてきたからこそ、形をまねした味のわるい商品がでまわると信用にかかわる。自分たちで味を守りながら、類似品《るいじひん》がでないように商標でも守ってもらっているのだ。

食べもの以外で商品の形を登録しているのはレゴのブロック、フェラーリの車、防波堤《ぼうはてい》でつかわれているテトラポッドなど。どれも形がそのまま商品の価値《かち》になっているため、形をまねされることをふせがないといけない。そのほか、甲子園《こうしえん》球場のスコアボード、早稲田《わせだ》大学の大隈重信像《おおくましげのぶぞう》、丸型《まるがた》の郵便《ゆうびん》ポスト、ポケットモンスターのサトシのキャップなど、いがいなものが立体商標として登録されている。

ものの形にかかわる権利《けんり》には、ほかに意匠権《いしょうけん》がある。意匠権《いしょうけん》は独自《どくじ》の美しいデザインがまねされないように守るための権利《けんり》、立体商標権《しょうひょうけん》はその商品やサービスだとわかってもらうために形を独占《どくせん》する権《けん》利《り》というちがいがある。

クイズ1

この立体商標の権利《けんり》は、どの企業《きぎょう》がもっているかわかるかな？

1

2

3

色彩《しきさい》のみからなる商標

色、またはいくつかの色の組みあわせなどが特別な意味をもつもの

クイズ2

この色彩《しきさい》のみからなる商標の権利《けんり》は、どの企業《きぎょう》がもっているかわかるかな？

1

2

3

4

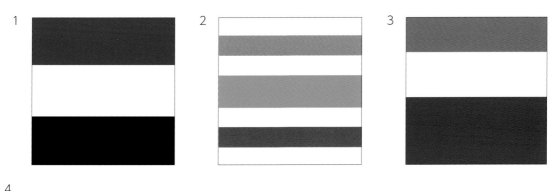

位置商標

文字や図形がついている場所が特別な意味をもつもの

クイズ3

この位置商標の権利《けんり》は、どの企業《きぎょう》がもっているかわかるかな？

1

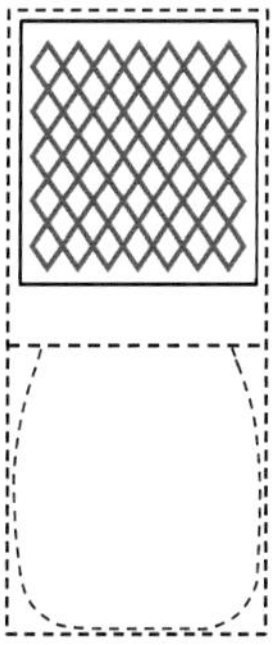

2

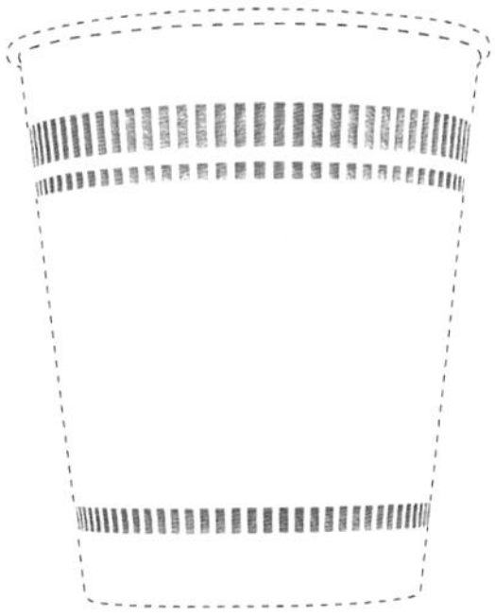

3

そのほかにも、動き商標、ホログラム商標、音商標など、さまざまな商標がある。

※くわしくは第2巻《かん》21ページを見よう

答え

クイズ1　1 SGホールディングス株式《かぶしき》会社（佐《さ》川急便《がわきゅうびん》）、2キッコーマン株式《かぶしき》会社、3エスエス製薬株式《せいやくかぶしき》会社

クイズ2　1株式《かぶしき》会社トンボ鉛筆《えんぴつ》、2株式《かぶしき》会社セブン－イレブン・ジャパン、3ユーシーシー上島珈琲株式《うえしまコーヒーかぶしき》会社、4三菱鉛筆株式《みつびしえんぴつかぶしき》会社

クイズ3　1キユーピー株式《かぶしき》会社、2日清食品《にっしんしょくひん》ホールディングス株式《かぶしき》会社、3株式《かぶしき》会社エスエスケイ

知的財産権《ちてきざいさんけん》ってなんだろう？

著作権《ちょさくけん》 文化にかかわる創作物《そうさくぶつ》を守る

小説、脚本《きゃくほん》、論文《ろんぶん》、講演《こうえん》その他の言語の著作物《ちょさくぶつ》

ぼくたちの作文にも
著作権《ちょさくけん》があるんだ

書籍《しょせき》

舞台《ぶたい》などの脚本《きゃくほん》

講師

講演《こうえん》

卒業文集
なかま
6年1組

文集などの作文

音楽の著作物《ちょさくぶつ》

アーティストの楽曲

ミュージカル音楽

作詞《さくし》・作曲者が著作権《ちょさくけん》を、
実演者《じつえんしゃ》などが著作隣接権《ちょさくりんせつけん》を
もっている

アニメソング

能楽《のうがく》

※著作隣接権《ちょさくりんせつけん》については第2巻《かん》27、28ページを見よう

舞踊《ぶよう》または無言劇《むごんげき》の著作物《ちょさくぶつ》

バレエ

日本舞踊《にほんぶよう》

ダンス

ダンスすきっ
わたしは、
見てるのがすき

絵画、版画《はんが》、彫刻《ちょうこく》その他の美術《びじゅつ》の著作物《ちょさくぶつ》

絵画、彫刻《ちょうこく》

イラスト、CG《シージー》イラスト

お、ぼくらの
ふりふりガオーン

舞台装置《ぶたいそうち》

マンガ

建築《けんちく》の著作物《ちょさくぶつ》

城《しろ》

庭園、公園

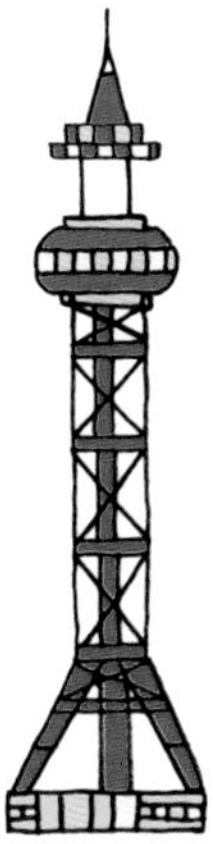

タワー

創造的《そうぞうてき》なものにかぎるんだよ
ただのビルは著作物《ちょさくぶつ》ではないのね

地図または学術的《がくじゅつてき》な性質《せいしつ》を有する図面、図表、模型《もけい》その他の図形の著作物《ちょさくぶつ》

地図

地球儀《ちきゅうぎ》

グラフ

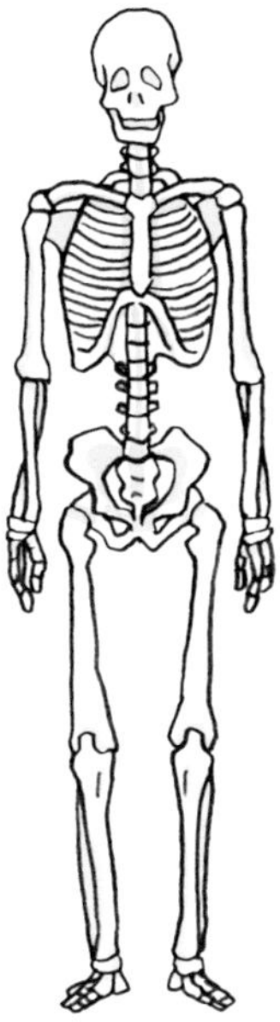

人体模型《じんたいもけい》

映画《えいが》の著作物《ちょさくぶつ》

映画《えいが》、テレビドラマ

動画サイトのコンテンツ

コマーシャルフィルム

自分でとった動画

写真の著作物《ちょさくぶつ》

芸術《げいじゅつ》写真

自分でとった写真

カタログの写真

雑誌《ざっし》の写真

プログラムの著作物《ちょさくぶつ》

パソコン、スマホを
うごかすプログラム

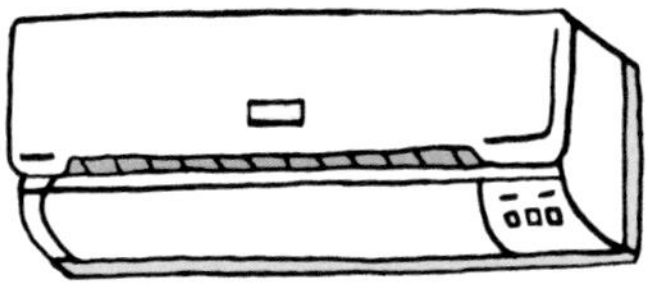

家電製品《せいひん》をうごかす
プログラム

アプリケーションプログラム

炊飯《すいはん》器《き》も
プログラムで
うごいてるんだ！

わたしがとった写真も、著作物《ちょさくぶつ》なんですね。ちょっとうれしい

この瞬間《しゅんかん》をのこしたいというみんなの気持ちが創作《そうさく》と見なされるのだね。逆《ぎゃく》に、撮影者《さつえいしゃ》の気持ちや考えを表現《ひょうげん》してはいけない証明《しょうめい》写真はふつう著作物《ちょさくぶつ》とはいわない

ということは、事実をそのままつたえる文章は、著作物《ちょさくぶつ》ではないんですか？

そのとおり。たとえば死《し》亡《ぼう》記事はふつう著作物《ちょさくぶつ》とはいわない

「ふつう、いわない」ってことは、著作物《ちょさくぶつ》になることもあるのですか？

表現《ひょうげん》というのは数字などではかれない主観的なことだからね。判断《はんだん》は状況《じょうきょう》によってかわることがある。ここにあげた例も、場合によっては著作物《ちょさくぶつ》とみとめられないことがあるんだよ

まだある知的財産権《ちてきざいさんけん》

知的財産権《ちてきざいさんけん》のおもなものとして、産業にかかわる産業財産権《さんぎょうざいさんけん》と、文化にかかわる著作権《ちょさくけん》を見てきた。じつは、ほかにも知的財産権《ちてきざいさんけん》といわれるものがある。どんなものが、どのように守られているのか見ていこう。

農作物の品種

ニホングリは粒《つぶ》が大きくて味がよいけれど、渋皮《しぶかわ》がむきづらいという欠点があった。そこで、甘栗《あまぐり》として知られているチュウゴクグリと交配するなど、さまざまな方法で品種改良がこころみられていた。

ところが、1991年にニホングリどうしの品種のかけあわせから、大きさや味はニホングリとかわらないのに、渋皮《しぶかわ》がむけやすい新品種がうまれた。この新品種なら、切り目をいれてトースターでやくだけで、渋皮《しぶかわ》がするりとむけ、甘栗《あまぐり》のようにらくにたべることができる。

のちの研究で、ニホングリの遺伝子《いでんし》にも渋皮《しぶかわ》がむけやすい性質《せいしつ》がそなわっていることがわかった。ただ、この性質《せいしつ》は劣性《れっせい》だった。2本が対になっている遺伝子《いでんし》の両方が劣性《れっせい》でないとこの性質《せいしつ》はあらわれない。その確率《かくりつ》はひくいため、ほとんどのニホングリにあらわれなかったのだ。このため、何年もかけて何度も交配の実験をくりかえすという地道な研究が必要だった。

この品種は「ぽろたん」と名づけられ登録された。品種の登録により、品種改良に成功した育成者だけが、利益《りえき》をえる権利《けんり》をもつ。これを育成者権《いくせいしゃけん》という。

このほか、病気に強い稲《いね》「コシヒカリ新潟《にいがた》ＢＬ《ビーエル》」や皮ごとたべられる「シャインマスカット」など、研究の結果うまれた品種が登録されている。

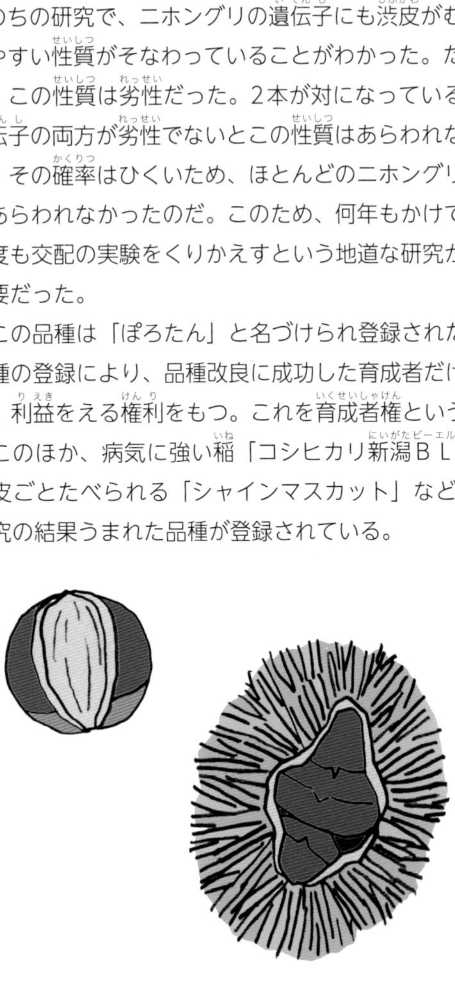

写真にうつる

イベントの主催者《しゅさいしゃ》が、「写真をとってSNS《エスエヌエス》に投稿《とうこう》するので、いやな人はおしえてください」と注意しているのをきいたことがあるかもしれない。だれだって、自分の姿《すがた》をかってに写真にとられたり、公開されたりするのはいやだろう。そのような気持ちを守るのが肖像権《しょうぞうけん》だ。かってに写真や動画をとると、肖像権《しょうぞうけん》をおかすことになる。

また、コマーシャルによく有名人がでてくるように、有名人の写真や動画は商品の売りあげにつながる。この人がすすめるものなら買いたい、と思う人が多いからだ。そのため、有名人の写真や動画には価値《かち》がある。これを守るのがパブリシティ権《けん》。芸能人《げいのうじん》の事務所《じむしょ》などは、この権利《けんり》の侵害《しんがい》に目をひからせている。

ドメイン名

インターネット上で住所のような役割《やくわり》をするのがドメイン名。たとえばhttp://www.chizaigakuen.jpというチザイ学園のURL《ユーアールエル》(ホームページの住所)ならchizaigakuen.jpの部分のこと。たいていは、このように、住所の持ち主に関係することばがつかわれている。だから、ひと目でどこのホームページかわかるし、おぼえやすい。

けれども、わざとにているドメイン名をつかったホームページがあると、混乱《こんらん》がおきる。また、それが悪質《あくしつ》なページだった場合、チザイ学園のイメージがわるくなる。

こうしたことをふせぐために、不正にドメイン名をとることは禁止《きんし》されている。

地域《ちいき》の特産物

日本の各地には、気候や伝統《でんとう》がはぐくんだ、その土地ならではの産物がある。なかには特産松阪牛《まつさかうし》のように、世界的ブランドとなっているものも。これらの農林水産物や飲食料品におもに土地とむすびついた名前をつけたものを地理的表示《ひょうじ》という。登録された地理的表示《ひょうじ》は不正につかわれないよう国に守られる。

地理的表示《ひょうじ》の例

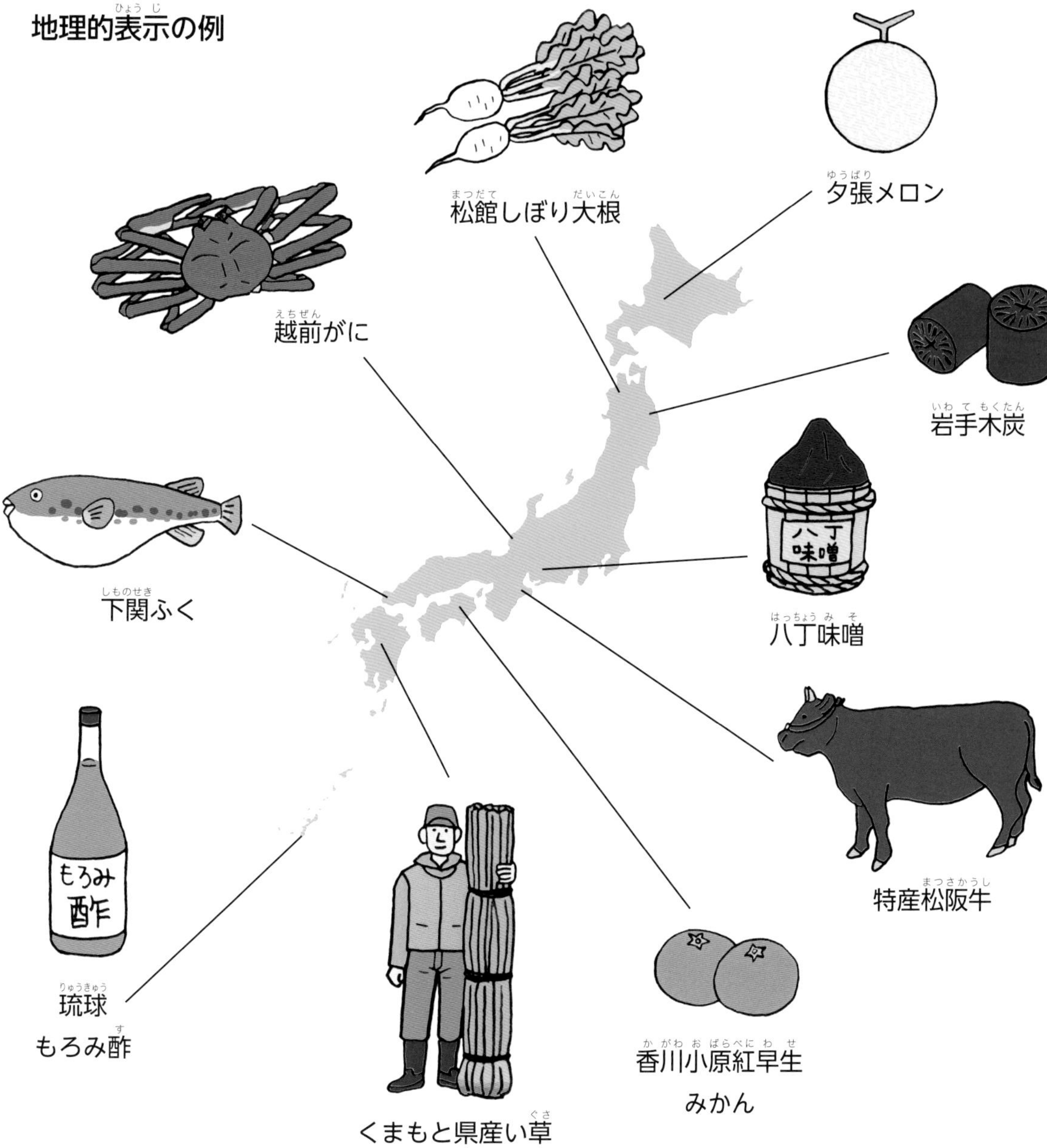
松館《まつだて》しぼり大根《だいこん》
夕張《ゆうばり》メロン
越前《えちぜん》がに
岩手《いわて》木炭《もくたん》
八丁
味噌
八丁《はっちょう》味噌《みそ》
下関《しものせき》ふく
特産松阪牛《まつさかうし》
もろみ
酢
琉球《りゅうきゅう》
もろみ酢《す》
香川《かがわ》小原《おばら》紅《べに》早生《わせ》
みかん
くまもと県産い草《ぐさ》

各国の地理的表示《ひょうじ》

これまで、アジア、中東、ヨーロッパ、中南米、アフリカの100国以上が地理的表示《ひょうじ》をとりいれてきた。イタリアのバルサミコ酢《す》やインドのダージリンティなどがその例だ。登録は国ごとにおこなわれるため、国境《こっきょう》をこえても自国の地理的表示《ひょうじ》が守られるように、たがいの国の地理的表示《ひょうじ》を保護《ほご》しあうこともおこなわれている。

「創作《そうさく》」を守る知的財産権《ちてきざいさんけん》

そうだ、先生、
新キャラのふりふりガオーン
見てください
さすが勇太くん、
こまかなうごきまで再現《さいげん》して
手がこんでいるな
苦労したんですよ。
ふりつけはやりなおし
だけど、ベースは
できてるから
だいじょうぶです
ものをあたらしく
つくるときには、
やりなおしは
つきものだからね
そうそう、産業でも芸術《げいじゅつ》でも試行錯誤《しこうさくご》を
くりかえして技術《ぎじゅつ》がみがかれていく
そういうの、
試行錯誤《しこうさくご》って
いうんですよね
そうしてできた製品《せいひん》と
作品をまねされたら
いやだよねー
……
うん。技術《ぎじゅつ》のアイデア、製品《せいひん》の
デザイン、ブランド、芸術《げいじゅつ》作品
をつくりだした人や会社を尊重《そんちょう》
し、その財産《ざいさん》を守るのはたいせ
つなことだ。
だから、自分こそが創作者《そうさくしゃ》だと
主張《しゅちょう》する権利《けんり》ができたんだよ
特許権《とっきょけん》、実用新案権《じつようしんあんけん》、意匠権《いしょうけん》、商標権《しょうひょうけん》、著作権《ちょさくけん》ですね！

これらをまとめて知的財産権《ちてきざいさんけん》という
あーあ、部長のキメぜりふとっちゃった
そういえば、部長は？
ここにいますよ。部長、どうしたんですか？
ブツブツ
やば、この感じは……
知的財産権《ちてきざいさんけん》ってすごい！文明社会をささえてきた権利《けんり》なのね。文明の最先端《さいせんたん》であるコンピューターをあつかうわたしたちは、知的財産権《ちてきざいさんけん》を知らなくては！
そ、そうだけど…
コン部
パソッチ
みんな、今日からコン部は、〈パソコン・知的財産部《ちてきざいさんぶ》〉、略《りゃく》してパソッチ部に改名します！
いきなり？
パソッチ？
ださっ
ウソ
つづく

さくいん

取材協力（敬称略）

サーモス株式会社

写真提供（敬称略・50音順）

一般社団法人全国配置薬協会

江崎グリコ株式会社

エスエス製薬株式会社

SGホールディングス株式会社（佐川急便）

株式会社エスエスケイ

株式会社龍角散

株式会社ロッテ

キッコーマン株式会社

キユーピー株式会社

コクヨ株式会社

サーモス株式会社

日清食品ホールディングス株式会社

森永製菓株式会社

●監修　細野哲弘（ほその・てつひろ）

1952年、岐阜県生まれ。京都大学経済学部卒。1976年通商産業省（現経済産業省）入省。2度の海外勤務、通商貿易、流通関係部局勤務などを経て、2009年特許庁長官に就任。他に製造産業局長、資源エネルギー庁長官などを歴任。2011年9月退官。2018年より独立行政法人石油天然ガス・金属鉱物資源機構（JOGMEC）理事長。

●文　おおつかのりこ

福島県で生まれ育つ。2007年にはじめての翻訳書『シャンプーなんて、だいきらい』（徳間書店）を出版する。著書に『元号ってなんだろう　大化から令和まで』（岩崎書店）、共著に『イラスト案内社会のしくみ図鑑』（玉川大学出版部）、訳書に『モルモット・オルガの物語』（PHP研究所）など。JBBY会員、やまねこ翻訳クラブ会員。

●絵　藤原ヒロコ（ふじわら・ひろこ）

1972年、大阪府生まれ。武蔵野美術大学視覚伝達デザイン学科卒。パレットクラブでイラストを、あとさき塾で絵本を学ぶ。書籍、雑誌の挿絵を中心に活動中。創作絵本に『きみちゃんとふしぎねこ』（ひさかたチャイルド）、挿絵に『育育児典』（岩波書店）、『かあさんのしっぽっぽ』（BL出版）、『まいごのアローおうちにかえる』（佼成出版社）など。

ブックデザイン：オーノリュウスケ (Factory701)

企画・編集・制作：本作り空Sola
http://sola.mon.macserver.jp/

学校で知っておきたい知的財産権
①知的財産ってなんだろう？　基本編

2020年10月　初版第1刷発行
監修者　細野哲弘
著　者　おおつかのりこ
画　家　藤原ヒロコ
発行者　小安宏幸　　担当編集：門脇　大
発行所　株式会社汐文社
〒102-0071　東京都千代田区富士見1-6-1
TEL 03-6862-5200　FAX 03-6862-5202
https://www.choubunsha.com
印　刷　新星社西川印刷株式会社
製　本　東京美術紙工協業組合

ISBN978-4-8113-2776-1